Nome:

Cognome:

SCOPRO LA NATURA In Montagna

EDICART JUNIOR

IN QUESTO LIBRO...

CONSIGLI IMPORTANTI!

ATTENZIONE, IL TEMPO CAMBIA IN FRETTA!

Prima di partire, anche se c'è bel tempo, ricordati di mettere nello zaino un indumento caldo. Se il sole è forte, porta con te la crema solare, gli occhiali da sole, un cappello o un berretto. Portati anche una borraccia che riempirai strada facendo con l'acqua di sorgente, e qualcosa da mangiare (barrette ai cereali, per esempio). Per camminare puoi indossare delle buone scarpe da ginnastica, anche se l'ideale sarebbero le scarpe da trekking.

PER NON PERDERTI...

Prendi l'abitudine di seguire i sentieri segnalati (segni su massi o tronchi d'albero, o cartelli indicatori).
Non allontanarti dagli adulti che ti accompagnano, perché, muniti di cartine e bussola, sapranno ritrovare la strada giusta.

Non partire mai da solo!

Giglio martagone (specie protetta)

COME PROTEGGERE LA MONTAGNA

- Non gettare rifiuti nella natura! Riportali a casa o aspetta di trovare un cassonetto.
- Non accendere mai il fuoco nel bosco.
- Non rompere rami senza motivo.
- Non raccogliere le specie di fiori protetti (informati presso l'ufficio del turismo).
- Non calpestare di proposito i funghi.

I PERICOLI DA EVITARE

- In caso di temporale, non ripararti mai sotto un albero.
  È pericoloso, si rischia di rimanere folgorati.
- Attento ai rami che cadono. Evita di andare in giro in caso di forte vento.
- Non avvicinarti a un gregge senza il permesso del pastore. Potresti creare un movimento di panico negli animali o provocare una reazione di difesa da parte del cane da pastore.

- Durante la stagione della caccia (da settembre a fine febbraio) evita le zone in cui è praticata (sono indicate da cartelli).
- Non assaggiare frutti a caso, perché potrebbero essere tossici. Per esempio: le bacche rosse dell'agrifoglio, quelle arancioni del mughetto, quelle nere dell'edera o del bosso...
- Non raccogliere lamponi, more o mirtilli all'altezza del terreno: potrebbero essere contaminati dall'urina di animali portatori di malattie!

Ammanite muscaria (velenoso)

- Molti funghi sono tossici (e talvolta persino mortali).
  1. Sottoponi sempre i funghi al micologo in ASL o in Comune a seconda delle regioni, prima di consumarli. È un servizio gratuito!
  2. Non mischiare specie diverse nello stesso cestino, perché quelli tossici contaminerebbero gli altri.
  3. Evita di mettere le mani alla bocca dopo aver toccato i funghi.

Evviva le vette!

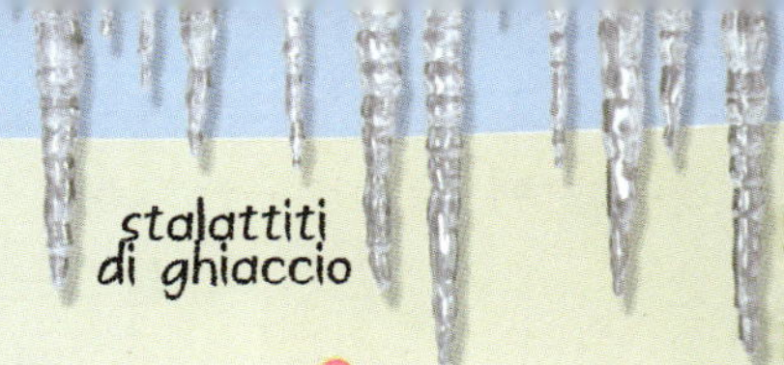

Benvenuto in montagna! Ma non dimenticare che qui sei un ospite. Perciò rispettami e tieni conto dei miei cambiamenti d'umore in ogni stagione.

L'alpinismo è uno sport che richiede una condizione fisica impeccabile, una grande conoscenza della montagna e la supervisione di una guida esperta che preveda i pericoli e conosca la zona.

una cordata*

* gruppo di alpinisti legati da una corda.

a scuola di sci

freestyle (sci acrobatico)

le racchette

PROPRIO ZERO?

Perché nevichi, la temperatura deve avvicinarsi allo zero. Non può nevicare se supera questa soglia, ma ovviamente non esiste un limite inferiore: la neve può scendere anche con -5, -15, -30 °C!

un ghiacciaio

Un ghiacciaio è una massa di ghiaccio formata dall'accumulo di strati di neve che si uniscono e diventano compatti.
In primavera, quando le temperature salgono, i ghiacci d'alta quota si sciolgono e alimentano i torrenti che si gettano nei fiumi.

Tutta quest'acqua raggiungerà poi il mare.

I ghiacciai rappresentano oltre il 98% delle acque dolci della Terra.

stalagmiti di ghiaccio

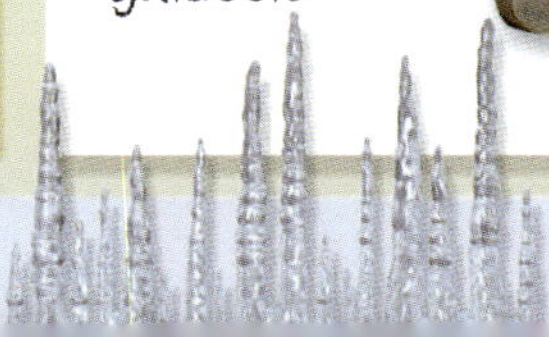

Paesaggi montani

una fontana e un abbeveratoio con acqua di sorgente

un lago vulcanico

Attenzione: i laghi di montagna sono molto più **profondi** di quelli di pianura.

Il lago Titicaca, tra la Bolivia e il Perù, si trova a un'altitudine di 3812 m e può raggiungere una profondità di oltre 280 m!

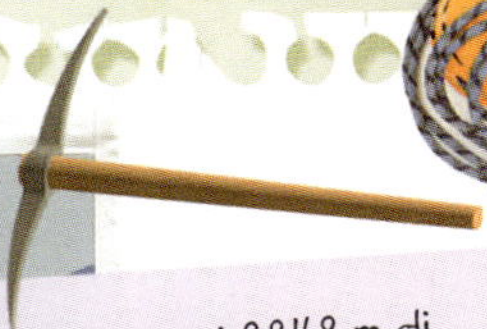

Machu Picchu
(città inca, Perù)

Con i suoi 8848 m di altitudine, l'Everest è il monte più alto del mondo. È situato nella catena dell'Himalaya, al confine tra il Nepal e il Tibet, a sud dell'Asia centrale.

La vetta del Monte Bianco tocca quota 4810 m.

OMBRA O SOLE?

Il fianco di una montagna si chiama **versante**. Quello meno esposto al sole è detto «versante in ombra», mentre quello che riceve più luce è il «versante a solatio».

Cairn (ometti)*

Molto spesso le grotte sono scavate da **fiumi sotterranei.** L'acqua che si infiltra deposita il calcare, che con il tempo formerà stalattiti e stalagmiti.

una grotta

Qui, le stalattiti e le stalagmiti si sono unite formando delle colonne.

* cumuli artificiali di pietre che servono per segnalare un percorso o un pericolo.

I miei appunti da naturalista:

I paesaggi che ho osservato, le scene che mi hanno incuriosito, i disegni che ho realizzato in base alle mie osservazioni...

SENTIERO DEL RISPETTO DELLA NATURA
MULATTIERA CHE SALE E SCENDE

Alberi e frutti d'alta quota

un ippocastano*

fiori

Il suo frutto è la castagna matta (non commestibile).

foglia

una (quercia) rovere

NIENTE PAURA!

Nella mitologia greca la quercia era associata a Zeus, dio del tuono, perché quest'albero **era raramente colpito dal fulmine.**

fiori

foglia

Il suo frutto è la ghianda.

un noce*

fiori

foglie

Il suo frutto è la noce.

faggi

corteccia

foglie

I loro frutti sono le faggiole.

La **quercia** e il **faggio** sono **latifoglie a foglie caduche marcescenti:** in inverno le foglie morte rimangono attaccate ai rami e cadranno solo in primavera, quando spunteranno quelle nuove.

un castagno*

foglie

fiori

Il suo frutto è la castagna.

Le castagne sono protette da un riccio.

* Questi alberi sono latifoglie a foglie caduche: in autunno le foglie appassiscono e cadono.

UNO STRANO "PINO"!

A differenza del pino e dell'abete rosso, **il larice perde gli aghi** in autunno e in inverno. Può superare i 40 m di altezza e il suo legno molto duro viene utilizzato per costruire baite e chalet.

larici

coni femminili di larice

un pino silvestre

Il suo frutto è un cono (pigna) di 3-5 cm.

aghi

un abete rosso

aghi

Il suo frutto è un cono (pigna) di 8-16 cm.

Quanti bei frutti!

ATTENZIONE, PERICOLO!
Non mangiare mai i frutti che non riconosci al 100%. Chiedi prima consiglio a un adulto.

una fragolina di bosco

un rovo

I suoi frutti sono le more.

lamponi

una castagna

mirtilli

Non usare il pettine per mirtilli per raccogliere questi deliziosi piccoli frutti, perché rovineresti la pianta. Con un po' di pazienza, cogli le bacche una alla volta, per non danneggiare il gambo e le foglie.

nocciole

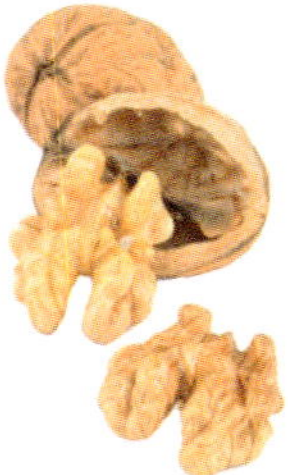

noci

un pettine per mirtilli

Funghi commestibili

da imparare a riconoscere

porcini

(sotto le querce e i faggi da agosto a novembre)

un leccino

un porcinello rosso

Molti tipi di funghi si assomigliano molto, per cui è facile scambiare funghi commestibili con funghi velenosi:
FAI SEMPRE CONTROLLARE I FUNGHI RACCOLTI DAL SERVIZIO MICOLOGICO PRIMA DI MANGIARLI!

cresce al limitare del bosco da marzo a maggio.

una spugnola

steccherini

(sotto le querce e i castagni da luglio a novembre)

una mazza di tamburo

(sotto le latifoglie, le conifere e nei prati da giugno a ottobre)

un sanguinello

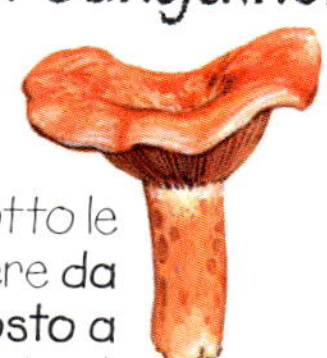

(sotto le conifere da agosto a ottobre)

peveracci

(sotto le latifoglie da luglio a ottobre)

gallinacci o finferli

(sotto le latifoglie o le conifere da maggio a novembre)

trombette dei morti

(sotto le querce, i castagni e i faggi da agosto a novembre)

Funghi pericolosi

da non raccogliere né toccare

amanite falloidi

(sotto le latifoglie e le conifere da luglio a dicembre)

(sotto le betulle e le conifere da luglio a dicembre)

Amanita muscaria

una tignosa bruna

(sotto le latifoglie e le conifere da agosto a dicembre)

boleti luridi

(sotto le latifoglie e le conifere da maggio a ottobre)

(sotto le latifoglie da luglio a ottobre)

un porcino malefico

una colombina rossa

(sotto le conifere da giugno a ottobre)

I miei appunti da naturalista:

Gli alberi che ho visto, i frutti e i funghi che ho colto, i disegni che ho realizzato in base alle mie osservazioni...

Piume variopinte

una ghiandaia

In autunno, **la ghiandaia** nasconde i semi sotto il muschio o le radici, preparandosi così una scorta di cibo per l'inverno.

Quest'uccello migratore è così discreto che bisogna essere davvero fortunati a scorgerlo (da marzo a settembre nel sottobosco)!

un'upupa

un picchio verde

un picchio muratore

Questi tre uccelli trovano il cibo nella corteccia dei tronchi d'albero. Puoi sentili battere il becco sul tronco per stanare gli insetti.

Il **maschio del picchio rosso maggiore** ha una macchia rossa dietro la testa.

un picchio rosso maggiore

una cinciallegra

una cinciarella

un fringuello

un cardellino

un rigogolo

un frosone

Come suggerisce il nome, il **cardellino** va matto per i semi di **cardo**!

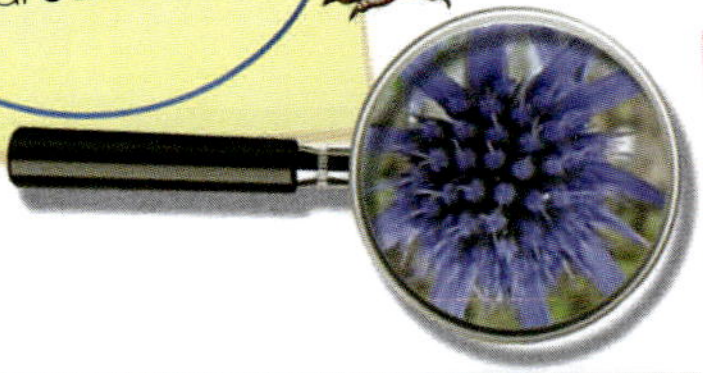

SI APRANO LE DANZE!
In primavera, all'alba, **i fagiani di monte** eseguono delle parate nuziali. È affascinante!

un fagiano di monte

un fagiano comune (maschio)

una pernice rossa

Rapaci e non solo

I gufi hanno dei ciuffetti di piume sulla testa, mentre gli allocchi e le civette no.

1° Il più grosso tra i gufi

un gufo reale

un allocco

una civetta

I gufi, gli allocchi e le civette sono rapaci notturni. Come i gatti, sono in grado di vedere bene al buio.

1° Il più grosso tra i falchi

un girfalco

Il **girfalco** ha un'apertura alare di 1,35 m ed è lungo più di 50 cm.

un gheppio

uno sparviero eurasiatico

un falco pellegrino

Alcune poiane sono molto scure, mentre altre sono chiare, quasi bianche.

una poiana

un gipeto

un grifone

L'apertura alare* dell'**aquila reale** è in media di 2 m, mentre quella del **grifone** supera i 2,5 m!

un'aquila reale

* apertura alare: distanza tra le estremità delle ali.

un corvo

Noi non **siamo** rapaci, ma **corvidi.**

una cornacchia nera

una gazza

I miei appunti da naturalista:

Gli uccelli che ho visto, le scene che mi hanno incuriosito, i disegni che ho realizzato in base alle mie osservazioni...

....

....

....

....

....

....

....

....

....

....

....

....

....

....

....

....

un ermellino
un campanaccio
un icaro
una sfinge
una pecora
una pernice rossa
un capretto
una locusta
un corvo
una piccozza
un iperico
un gheppio
una salamandra
uno sparviero
un cinghiale
una rana

un'atalanta
una castagna
una cinciarella
una pigna
noci
un agrifoglio
una Zygaena
stelle alpine
un picchio muratore
una mucca
un'upupa
un'aquila
castagne matte
un'orchidea selvatica
una mongolfiera

Animali... alpini!

un camoscio

uno stambecco

MAMMIFERI RUMINANTI

Questi tre animali appartengono alla famiglia della capra, da considerarsi uno **stambecco addomesticato.**

un muflone

Vivono tutti in branchi guidati da un maschio.

Nella stagione delle nevi, i nostri tre alpinisti scendono nel bosco.

Al pari dei suoi cugini, il **muflone** è un ottimo arrampicatore, ma vive a **quote più basse.**

un cinghiale femmina e i suoi cinghialetti

orma di cinghiale

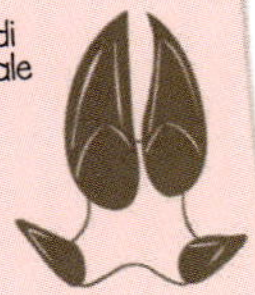

In generale, una figliata è composta da **una decina di cinghialetti.**

un cinghiale

un orso bruno

una lince

un lupo

una volpe rossa

volpacchiotti

Chi dorme, chi no!

una marmotta

Emetto un fischio acuto per avvertire i miei simili di un pericolo!

LA DIETA DELLA MARMOTTA

La marmotta in autunno accumula delle **riserve di grasso**: così può andare tranquillamente in letargo senza nutrirsi. Quando in **primavera** si risveglia, è **magrissima** e affamata.

uno scoiattolo comune

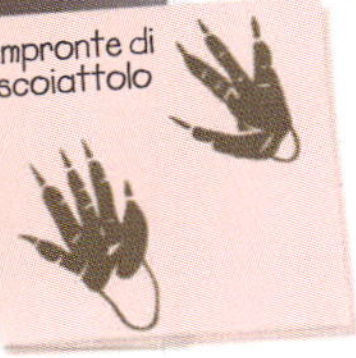

impronte di scoiattolo

un ghiro

un topo selvatico

un toporagno

un moscardino

una faina

DA NON CONFONDERE!

L'ermellino e la donnola si assomigliano molto, ma l'ermellino è più grande e la sua coda termina con un ciuffo di peli neri (anche quando d'inverno la pelliccia diventa bianca).

una donnola

ermellini

una martora

una puzzola

talpe

Animali che conosciamo bene... Forse!

un riccio

RUMORI NELLA NOTTE

Il riccio caccia di notte e dorme di giorno.
E **quando mangia fa un sacco di rumore!** Grugnisce, fiuta, si innervosisce e addirittura lancia la terra a vari metri di distanza scavando il terreno in cerca di cibo!

un tasso

orma di tasso

una lepre comune

orma della zampa posteriore di una lepre

DA NON CONFONDERE!

La lepre ha il corpo, le zampe e le orecchie più grandi rispetto al coniglio. Grazie alle potenti zampe posteriori è in grado di compiere salti di oltre 4 m.

I piccoli di lepre si chiamano leprotti.

una coniglia e i suoi coniglietti

un pipistrello

un rospo

una rana

Le salamandre sono anfibi e fanno parte della famiglia dei Caudati (o Urodeli), insieme ai tritoni.

una salamandra pezzata

una lucertola

una lumaca

una chiocciola

una biscia

La biscia ha la testa ovale e le pupille rotonde, mentre la vipera ha la testa triangolare e le pupille verticali.

una vipera

I miei appunti da naturalista:

Gli animali che ho visto, le scene che mi hanno incuriosito, i disegni che ho realizzato in base alle mie osservazioni...

Greggi & pastori

transumanza

La transumanza estiva è la grande **migrazione** delle mandrie e delle greggi (pecore, mucche, capre e cavalli) **verso gli alpeggi**, ossia i pascoli d'alta quota.

La transumanza invernale è il **ritorno** delle mandrie e delle greggi **verso le stalle**, prima dell'inverno.

un capretto

L'attrezzatura dei pastori viene trasportata alle malghe con i camion. Alcuni animali approfittano del passaggio, ma la grande maggioranza sale a piedi (anzi... a zampe!) dando vita a **un'impressionante fiumana** che attraversa anche i paesi.

Le pecore hanno un marchio sulla schiena, che consente ai pastori di ricomporre il gregge se gli animali si mischiano.

un asino imbastato

un pastore dei Pirenei

un border collie

Il basto è una specie di sella legata sul dorso di asini o cavalli che consente loro di trasportare dei carichi.

C'è grande complicità tra il pastore e i suoi cani. A seconda della razza e delle attitudini, questi ultimi radunano o proteggono le greggi e le mandrie. **Compagni fedeli, sono anche loro pastori a tutti gli effetti.**

un cane da pastore maremmano

un cane pastore di Beauce

Quando sono in libertà all'alpeggio, tutte le mucche di una stessa mandria portano al collo un grosso campanello (il campanaccio) che produce un identico suono. **Così per ritrovarle al pastore basta tendere l'orecchio...**

Il campanaccio è fatto di bronzo e spesso è anche decorato.

Vita nei pascoli

una baita d'alpeggio

una pecora e
il suo agnello

la mungitura
di una mucca

Una mucca produce **fino a 30 litri di latte al giorno, una capra 3 litri e una pecora 2,5 litri** soltanto. Con questi tre tipi di latte si producono vari formaggi. In Europa il burro è fatto unicamente con latte vaccino.

la tosatura
di una pecora

Le pecore vengono tosate per la loro lana, in genere una volta all'anno, in primavera. All'inizio hanno un po' freddo, **ma la lana ricresce in fretta!**

una pecora

un capretto

I miei appunti da naturalista:

Le scene che mi hanno incuriosito, i disegni che ho realizzato in base alle mie osservazioni...

Insetti montanari

una coccinella

In primavera le coccinelle escono dal letargo e formano delle piccole colonie che si riscaldano al sole su una foglia o su un ceppo d'albero.

una cavalletta

un cervo volante

Solo i maschi hanno grandi pinze (mandibole).

testa di cervo volante femmina

una mosca

una locusta

ATTENZIONE!
La vespa e l'ape possono pungere. Anche il bombo, per quanto raramente. Perciò non infastidirli!

una vespa

un bombo

un'ape

una formica nera

un maggiolino

un ragno

una Rosalia alpina

una cimice

un grillo dei boschi

Un bruco
si trasforma

1

2

in una
crisalide

3

e poi in una farfalla.

un'atalanta

un icaro

una *Zygaena filipendulae*

una vanessa io

un macaone

una cedronella

una sfinge
del tiglio

una farfalla
gamma

I miei appunti da naturalista:

Gli insetti che ho visto, le scene che mi hanno incuriosito, i disegni che ho realizzato in base alle mie osservazioni...

Fiori alpestri

In montagna, molti fiori appartengono a specie protette, come il giglio martagone o l'anemone alpino. A seconda delle regioni, l'elenco può variare. Informati presso l'ufficio del turismo prima di cogliere un fiore. E non strappare mai le radici!

anemone giallo

genziana maggiore

calta palustre

arnica

iperico

fino a 2000 m

mughetto selvatico

stella alpina

da 1700 a 3400 m

fino a 2000 m

pennacchio

fino a 2500 m

anemone alpino

fino a 2600 m

carlina bianca

limite dei ghiacciai

bucaneve

I **bucaneve** crescono e fioriscono **d'inverno.** Sono in grado di perforare un sottile strato di neve.

Fiori alpestri

da 1400 a 3000 m

genzianella

fino a 3000 m

genzianella di primavera

fino a 2400 m

regina delle Alpi

orchidea selvatica

fino a 2500 m

fino a 1800 m

ciclamino delle Alpi

rododendro

fino a 3000 m

fino a 2800 m

giglio martagone

Armeria

fino a 3000 m

colchico

fino a 2500 m

da 1500 a 3000 m

Sempervivum

fino a 1500 m

garofano dei poeti

I miei appunti da naturalista:

I fiori che ho visto, le scene che mi hanno incuriosito, i disegni che ho realizzato in base alle mie osservazioni...

Le stagioni

la primavera

l'estate

l'autunno

l'inverno

RINGRAZIAMENTI

Gli Editori sono grati alle seguenti persone e organizzazioni per il permesso di riprodurre le loro opere.

Fotolia: copertina: Irochka, Montagne & Secours, Svetlana Gryankina, ronstik, Ericos, Michel Bazin, Mathias Engel, DRac, GYNEX, Andreas Resch, Dmitry Pichugin, delmo07, Aleksandr Kulikov, Laure Fons. risguardi: nelu_goia. PP. 4-5: Frédéric Prochasson. PP. 6-7: Claudio Percoco. PP. 8-9: Eric Isselée, Nadine ULRICH, Atlantis. PP. 10-11: vichie81, mipan, skouatroulio, Galyna Andrushko, Olivier BALMAIN, felinda, Dinadesign, desaxo, dahu, Cyril Comtat, Helix2012, lilufoto, Serge Zastavkin, Dimitri Surkov, Unclesam, Dev, Gabriel-Ciscardi. PP. 12-13: nelu_goia, jeanmi, Evgeniya Moroz, Chianuri, Tatiana Grozetskaya, Svetlana Gryankina, George Dolgikh, Avner Richard, foto-aldente, Elenathewise, Derrick Neill. PP. 14-15: delmo07. PP. 16-17: lopez michel, Claude P., Regor Imperator, BlickReflex.de, maggiw, Marek Kosmal, Volodymyr Shevchuk, LianeM, Xuenjun li, Siegi, Yasonya, photka, Ziablik, YK, lamax, Lilia Barladyan. PP. 18-19: Montagne & Secours, Didier RITZMANN, Tomfry, lamax, Yuri Timofeyev, Lilia Barladyan, Yasonya, Dmitriy Syechin, Thierry Lebrun, M. Coudert, lubashi, Louis Renaud, YK, mates, Andrey Lavrishchev, Richard Villalon, viperagp. PP. 20-21: Konstanze Gruber, photographe25700, WINIKI. PP. 22-23: Marek Kosmal. PP. 26-27: Olaf Kloß, UTOPIA, Galyna Andrushko, brozova, Donovan Trent, S.R.Miller, Aleksandr Kulikov, NICOLAS LARENTO. PP. 28-29: hensor, Katherine Haluska, sduben, simonimage, lifeonwhite.com, Jose Manuel Gelpi, Angelika Möthrath, StanOd. PP. 34-35: Wolfgang Kruck, Schellig, Rodolphe GODIN, Jose Hernaiz, bierman, Photofranck, Oksana Perkins, gontar, Mat Hayward, travis manley, Fotowerner, Ryan Jaime, outdoorsman, Jens Klingebiel, vchphoto. PP. 36-37: Andreas Resch, usbfco, Wolfgang Kruck, sarininka, seawhisper, Michaël BICHE, Patrick Guilhot, benno hansen, Steve Mutch, Graham Taylor, Tramper2. PP. 38-39: Wolfgang Dorl-Emden, joerg kemmler, stirling05, belizar, Art_man, cynoclub, Tony Chambonnier. PP. 44-45: GILLES BARATTINI, luciano06, isa64, Kevin, MB, ITALIAPUGLIA73, foto-aldente, Guillaume Besnard, CALLALLOO Canis, jjsconcepts, PHOTOPOLITAIN, Eric Isselée, Michel Bazin. PP. 46-47: THIERRY BOURDIN, tarasov_vl, illustrez-vous, Katja Xenikis, Leca Isabelle, Frédéric Prochasson, ronstik, Zab, ninice64, Tilio & Paolo, legabatch, Franco Deriu, jeanmi, Oleg_Zabielin, sevaljevic, Pier Paolo Sposato, ChritopheB, Eric Isselée, ksena32. PP. 50-51: Michel Bazin. PP. 52-53: Nik Frey, celtiplanete, ChriSes, SÈbastien NESTOLAT, Rey Kamensky, Drac, Siegmar, Laure Fons, Reena, Mathias Engel, Marek Kosmal, Gucio_55, suerob, Sheri, Cosmin Manci. PP. 54-55: Laure Fons. PP. 56-57: Konstanze Gruber, VÈviga, aidaricci, womue, Marina Lohrbach, jean-marc reyes. PP. 58-59: Jean-Jacques Cordier, martine wagner, maritÈ74, jakezc, Nadine ULRICH, bluesky6867, coulanges. PP. 64-65: Borrelia, Carlos Arranz Pena, Ornitolog82, dmcl1, Photohunter, Netzer Johannes, Santi Rodríguez, Mariusz Niedzwiedzki, Delphimages, vencav, standret. PP. 66-67: Borrelia, suteracher, Robert Kelsey, teshka, photonikon, pioneer, byrdyak, usbfco, Silvano Rebai, scubaluna, Little Tomato Studio, Mrietjie Opperman.

Grazie a Rémy Campredon.